As fênixs

Gritos fortes

Antologia

1

AS FÊNIXS

GRITOS FORTES

ANTOLOGIA

Primeira edição

Editora BrunsMarck
2020

Catalogação na Publicação (CIP)
Ficha Catalográfica feita pelo autor

A836 As Fênixs.
As Fênixs: Gritos Fortes – 1. Ed.
– Lagoa Santa, MG:
 Editora BrunsMarck. 73 p.; 21 cm

Inclui índice
1. Poesia brasileira I. Livres, Comunidade II.
     Título.

CDD: 871   CDU: 82 -1

ISBN: 978-65-992400-7-2

As Fênixs: Gritos Fortes
© 2020 de As Fênixs
1º Edição: Novembro de 2020
Organizadora: Mari Gonçalves
Projeto Gráfico e editorial: Mari Gonçalves
Capa: Bruno Twain
Editor: Maria José Gonçalves
Editora BrunsMarck
Rua conde Dolabela, 4231ª – Ipanema.
Lagoa Santa – MG – CEP: 33400-000
Tel.: 31 9 8976-0844
https://www.editorabrunsmarck.com.br/

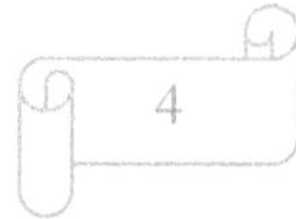

Prefácio

Bem-vindos a primeira Antologia "As Fênix".
Somos um grupo de mulheres, que usam a poesia para dar voz a Temas sociais e apoio as mulheres, levando-as a reflexão e ao auto entendimento. Para de esta forma expressar nosso mundo feminino. Para tal temos os nossos "Gritos poéticos" que expressam a indignação com a desigualdade de gênero que ainda impera em nossa sociedade.
Escolhemos a fênix como símbolo, porque ressalta a força da mulher, a superação e força para se renovar e renascer sempre!
Começamos escrevendo poesias no Instagram, e formamos esse projeto, que você pode encontrar no Instagram como @asfenixs.
Temos também seguidores, os homens também nos prestigiam e valorizam o projeto. Afinal somos as mulheres, filhas, mães, esposas amigas, companheiras.
Essa coletânea foi feita com todo carinho e atenção ao nosso público.
Leia e Reflita nas mensagens, presenteie outras pessoas! Amigos, amigas, que apreciem e se identifiquem com a ideia do projeto "As Fênixs".
Todos têm a força de renascer dentro de nós! Às vezes só precisamos de um estímulo.
Boa leitura a todos!

Fundadoras do grupo As Fênix

Administradoras:
Juliana de Almeida Rossi; Dani Raphel;
Mari Gonçalves; Nane Noronha e
Vanessa Barrettooli.

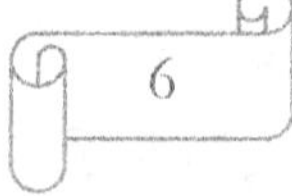

Índice

Quem é ela?

Quem é ela?
Que a sua alma não revela...
Que passa deixando perfume
De flor com aroma de amor
Que dança em meio ao caos
Pisa em espinhos
Com os pés descalços
E pela brasa quente
Da fogueira caminha...
E misteriosamente não sente
Os flagelos desta dor
Quem é ela?
Que tem a beleza
E sutileza de uma dama
Mas na alma tem a força
De uma "guerreira celta" que neste mundo vivia
Que nada temia e nas batalhas se refazia
Livre como um pássaro a voar
Que jamais permitiu a sua alma,
Nenhum ser esvaziar
Se porta de tal forma,
Que disfarça muito quem de fato ela é...
MULHER de mistérios
Quem é ela?

Autora: Caroline Valente; IG: @poesiadaalma1

O poeta

O poeta é um ser diferente
Ele muda de repente
Se hoje ama, amanhã odeia facilmente...
E há quem defenda
Que de longe ele veio
De uma galáxia cheia de letras,
Que flutuavam em meio às borboletas,
Carregadas de inspiração
Se o poeta vive de ilusão, eu não sei...
Sei que é doce viver assim
Escrever o que flui de mim
Como um parto de um filho esperado
O coração acelera a cada nascimento
Partos prematuros, no tempo
Ou bem maduro
Não importa, são todos filhos,
Nascidos da alma
Me acalma, leva- me ao mundo da poesia
É quando sou feliz, de noite e de dia
Se vivo de ilusão eu não sei...
O que se é que vivo para escrever
O que minha alma grita para dizer
Se isso é ser louco, viverei desta loucura,
E me saciarei, pois de fato "viverei".

Autora: Caroline Valente; IG: @poesiadaalma1

De volta as cinzas

Ela voltou às cinzas
Toda destruída
Por falsas expectativas
Espantada e retorcida

Se engana se agora acabou
Se estas a rir e gargalhar, lembre-se
É das cinzas que vem o poder das fênix
E de se refazer vem seu empoeiramento

Cuidado, ela já está em processo,
De reconstrução e renascimento
E renascera quantas vezes for preciso
Mas experiente, e sagaz em seus objetivos.

Ela aprendeu com seus erros
Está a renovar suas forças
Queima toda sua fúria
E ressurgirá preparada para guerra.

Autora: Juliana Rossi; IG: @meubaudepoesias e
@julianarossipoesias

Sou fênix

Você me fez perder o foco
Perder o rumo e a direção.
Por você abri mão de mim,
De meus ideais de minha intuição!

Mas hoje aprendi a lição
Busquei meus sonhos
Voltei a planejar e versar
Voltei a lutar!

Agora estou mais forte
Munida de experiência
Sabendo que sou eu
Quem faz minha sorte.

E agora meu bem,
Ninguém me barra,
Porque sou fênix
Sobrevivente do caos!

Autora: Juliana Rossi; IG: @meubaudepoesias   e
@julianarossipoesias

A mulher

A mulher nasceu desbravadora
Guerreira por natureza
Uma criatura batalhadora
E faz isso com muita leveza.

Criatura encantadora,
Que pode tudo o que deseja
De maneira inspiradora
Ela luta ela peleja.

A mulher já venceu muitas batalhas
Hoje usufruímos liberdade
Graças a elas que derrubaram muralhas
Muralhas da ignorância e da insanidade.

E hoje posso ser o que quero
E minha voz pode ser ouvida
Ser poeta é o que eu quero
E disso já estou resolvida.

Autora: Juliana Rossi; IG:@meubaudepoesias   e
@julianarossipoesias

Ela!

E lá vai ela... Caminho
Carinho. Ela!
Sendo ela.
Perfeita. Imperfeita
Sonhadora
Realista... Só que não!

Prefere seguir
Sonhando... E sonhar
Sonhar e não cansar
Sorrir! Esperar...
Esperar e acreditar que pode sim fazer um pouco,
deixar um gesto de conforto em qualquer lugar!

Mulheres
Perfeitas
Imperfeitas
Guerreiras
Gatas borralheiras
Mas sempre Princesas!

Autora: Vanessa; IG: @vanessa_barrettoOli

Poetisa

Quem me deras ser o sol
Para encantar com o seu brilho.
Quem me dera ser a lua
Para iluminar o seu caminho.
Quem me dera ser o vento
Para voar por aí.

Quem me dera ser terra
Para lhe dar tudo o que precisas.
Quem me dera ser água
Para estar em você todo dia.
Quem me dera ser estrela
Para brilhar no seu olhar.

Quem me dera ser borboleta
Para seu campo embelezar.
Quem me dera ser poesia
Para o seu dia poetizar.
Quem me dera ser poetisa
Para o mundo encantar.

Quem me dera ser sorriso
Para teu dia alegrar.
Quem me dera ser boas palavras
Para a sua vida iluminar
Quem me dera...
Quem me dera, ser quem sou!

Ser poesias...
Ser poetisa!

Autora: Vanessa; IG: @vanessa_barrettoOli

Autora: Vanessa; IG: @vanessa_barrettoOli

A cara da Poesia

A cara da poesia
É minha, é sua, é ser!
A poesia nua e crua
Em um olhar
No despertar
No enxergar.

A poesia vai longe,
No horizonte
A poesia real, fatal.
Leve, breve
Em mim... Em si
A poesia é esperar, Amar!

Em tudo há poesias
Basta olhar
A poesia é vida, é mar.
Nos leva, revela.
A poesia é estar!

Há poesias em mim
Poesia sem fim
Poesias que hão de vir
Poesia obstante para mim
Poesia infinita sim!

Poesia olhar, toque,

Gestos, jeito, feito...
Feito mar, flor, sol.
Feito o céu, sou... Infinito
Feito abrigo e imensidão!

Poesia... Eterna gratidão!
(O que mais a Poesia é... para você?)

Autora: Vanessa; IG: @vanessa_barrettoOli

Livro Preciosidade!

Folha-se um livro
E na rapidez não se dá
A devida importância...
Mas quando se lê o livro
Tudo faz sentido!

Autora: Vanessa; IG: @vanessa_barrettoOli

Viver

Quando olho para os céus e vejo o azul estrondoso do seu véu,
Vejo o quanto ainda vale a pena abrir os olhos pela manhã,
E o quanto vale a pena poder levantar e viver mais um dia,
E fazer tantas coisas inimagináveis que antes eu acreditava que não conseguia.

Quando olho para os pássaros que voam no ar,
Sinto a respiração que entra e sai de meus pulmões,
Lembrando-me do quanto estou viva, do quanto posso sentir e amar,
E sinto que posso tão lindamente como o rouxinol cantar.

Quando olho para uma flor que desabrocha,
Percebo que na vida passamos por diversos momentos que escondem a beleza de viver,
Mas que com fé e força de vontade, não há nada que não possamos vencer,
Quando se tenta e mesmo com as derrotas não desistimos, até o impossível se torna questão de querer.

Quando vejo duas pessoas desconhecidas se abraçando na rua,

Vejo que ainda existe amor, que ainda existe esperança em uma humanidade melhor,
Que mesmo quando tudo está indo de mal a pior,
Ainda existe algo para acreditarmos e fazer de tudo um propósito maior.

Quando a tristeza bate na porta do meu coração, às vezes ela entra sem pedir permissão,
Querendo tirar do rosto o sorriso que incendeia meu ser,
Eu a olho bem nos olhos, e numa frase só e direta, eu digo: - eu escolhi viver.

Autora: Maria Fernanda; @soueuquemrecitapoesia

Felicidade

Felicidade é contemplar a beleza das coisas
simples,
Encontrar nos detalhes a pureza de amar,
Saber que tudo tem seu tempo pra começar,
A felicidade é olhar para frente e querer para frente
andar.

A felicidade é conhecer a si mesmo, desafiar-se a
vencer o medo,
É sentir-se capaz de realizar o que não conseguia,
É saber que antes podia não viver, apenas existir,
mas que sabia,
Que um dia olharia pra frente na esperança de que
viver conseguiria.

Felicidade é amar os raios de sol da mesma forma
que ama as gotas da chuva,
É entender que perfeição não existe, e que se existe
não caminha pela rua,
É cantar pela alegria, não somente pela beleza,
É acreditar que existe um amanhã melhor mesmo
quando tudo que se vê é frieza.

Felicidade é amar os amigos que tem, não pela
quantidade, mas pela qualidade que neles vem,
É ser feliz com o pouco, sem exageros,

É saber que existe solução, não entrar em desespero,
Ser feliz é perdoar e ser perdoado, e saber que da vida amar é o tempero.

A felicidade está no coração de quem sorri,
De quem é da vida um eterno aprendiz,
A verdadeira felicidade é se olhar, tiver o seu corpo e o amar,
E dizer aos quatro cantos:
__Eu sou feliz!

Autora: Maria Fernanda; @soueuquemrecitapoesia

Mulher: Espaços e conquistas

A população feminina
Luta por igualdade
Por reconhecimento
E mais oportunidade
Quer garantir seu lugar
Em toda a sociedade

O mercado de trabalho
Continua sendo o local
Que a mulher se depara
Com um valor desigual
No âmbito esportivo
E também profissional

Mas, elas não se rendem,
A todo o preconceito
Isso as torna únicas
E dignas de respeito
Pois lutam com garra
Sempre do melhor jeito

A autora Nísia Floresta
Em sua publicação
Defendeu as mulheres
Com sua determinação
1832 foi o ano
Dessa boa representação

As mulheres conquistaram
O acesso à faculdade
Foi em 1879
Essa grande oportunidade
Mesmo com as críticas
Persistindo na sociedade

O direito ao voto
Foi mais uma conquista
Após a organização
Do movimento feminista
Atuada em 1932
Junto com o sufragista

A primeira delegacia
Feminina foi criada
Em 1985
No país foi implantada
Com ação de proteção
Bastante especializada

Outra conquista marcante
Pra combater a violação
Foi a Lei Maria da Penha
Contra qualquer agressão
Tentando trazer à mulher
Um pouco mais de proteção

Mas, ela segue lutando,
Sempre pelo o que quer
Sabe que é muito capaz
Um exemplo de mulher
E sabe que pra vencer
A persistência requer.

Autora: Graziele Maria; IG: @linhas_de_poesia

**O que seria desse mundo
Se não fosse a poesia?**

Poesia é inspiração
É o espelho da alma
Acalenta, traz a calma,
Para o nosso coração
É a raiz de uma canção
Repleta de muita alegria
Que ela chega e contagia
De um jeito profundo
O que seria desse mundo
Se não fosse a poesia?

O poder que ela tem
É bastante admirável
Muito bela e agradável
Que acolhe e faz bem
Nos faz refletir também
Sendo ou não de autoria
Sempre é a mesma magia
A mais bela do mundo
O que seria desse mundo
Se não fosse a poesia?

A poesia torna possível
Escrever um bom cordel
Num livreto ou em papel
É tocante em alto nível

Cada verso é incrível
Tem sentimento e magia
Nos desperta todo dia
De um jeito bem profundo
O que seria desse mundo
Se não fosse a poesia?

Poesia é puro amor
É a mais bela arte
Da vida ela faz parte
Encanta com seu valor
É amada pelo escritor
Pois ela traz calmaria
Sendo a melhor companhia
Toda hora, todo segundo,
O que seria desse mundo
Se não fosse a poesia?

Autora: Graziele Maria; IG: @linhas_de_poesia

Priorize-se

Não gaste tua quantidade limitada de energia mental pensando nos problemas, não se fixe nas consequências negativas dos erros, nem na tua falta de habilidade em algo.

Não gaste teu tempo correndo atrás de quem não faz questão de estar contigo.

Gaste tua energia e teu tempo fazendo o que gosta aquilo que quer aquilo que te faz bem, não precisa ficar pensando no que passou você já tem lembranças diárias suficientes, então, olhe apenas pra frente de agora em diante, você é maravilhosa, use sua energia pra coisas boas.

 Foque no que te dará fruto e se verá livre do caos que a tormenta, porque a vida vivida de maneira tranquila é valiosa, e na hora da colheita tudo valerá a pena.

Não pense nas coisas que não deram certo, viva o agora, faça o que sente vontade, faça acontecer às coisas da maneira em que você se sentir mais feliz.

 Faça sem esse medo bobo de se arrepender, e se for pra se arrepender, arrependa-se do que foi feito, não por aquilo que ficou com medo de fazer.

Priorize sua felicidade, priorize o seu amor próprio e tudo se encaixará da melhor maneira. Priorize-se e o universo irá se encarregar do resto.

Autora: Angel; IG: @tittangel

É difícil

É difícil viver, viu. É difícil se deparar com momentos complicados, com erros e atrasos, com pessoas tóxicas. É difícil conseguir se manter absolutamente bem emocionalmente.

Não dá pra exigir que, mesmo que a pessoa viva um momento como o seu, ela lhe entenda; da mesma forma que não dá pra exigir que mesmo que você tenha vivido algo com outra pessoa, a mesma "fase", aquilo que lhe ajudou vai ajudar ela. A vida é um livro, onde, a minha página 57 está no capítulo X e a página 57 de outra pessoa está no capítulo Y.

Por essa razão é preciso que tenhamos mais empatia e respeito pelo outro. Apesar de nossas batalhas não serem as mesmas, elas não deixam de serem desafios aos quais são difíceis de lidar. A vida às vezes dá medo. As pancadas que ela nos dá nos faz sempre refletir vários porquês.

Por que estamos aqui? Qual o sentido disso tudo? Aonde iremos parar? São muitas perguntas, que às vezes não temos a resposta pra elas. E vamos vivendo, tentando enfrentar cada dia uma nova batalha com sabedoria. Tentando seguir e passar por todos os percalços que enfrentamos.

É necessário seguir sem comparações, sem ficar se comparando com o próximo. Temos um caminho a percorrer, que é diferente do caminho da pessoa ao lado. Precisamos buscar a felicidade e satisfação com o que temos em nossas próprias mãos, com o pouco que possuímos.

Problemas sempre irão existir; as dificuldades aparecem sem aviso prévio diante de nós. Parece até improvável conseguir viver em paz quando os momentos felizes parecem ter prazo de validade.

Mas é possível ver a beleza no sofrimento, e conquistar vitórias no meio de batalhas sangrentas. A vida é dura, frágil e difícil... Mas, acredite, ela também pode ser linda.

Autora: Angel; IG: @tittangel

Amar é Mar

Nessas noites quentes de verão em que passamos a beira mar com duas taças, uma garrafa de vinho, uma toalha e a brisa forte batendo em nossos rostos, o cheiro de mar parece nos embriagar um pouco mais que o vinho...

Então, amar ao luar á beira mar torna - se inevitável! Nessas noites em que o mar é nossa "testemunha ocular" a nos vigiar como a dizer:

___ Eu também me entrego às areias todos os dias e também não me canso de beija-las! Tão lúdico o amar assim...

Por isso, nessas noites quentes de verão a beira mar, amar em frente ao mar, é permitido! E essas redundâncias poéticas também! Pois bem, paixão acesa feita às estrelas no céu! Feito lua avermelhada afogueada de amor pelo céu! Cenário perfeito! É a mistura de amar, mar, luar, natureza! Nós dois ali a beira mar a nos entregar nessas noites quentes de luar...

Autora: Nane Noronha; @nanepoesias_

Eu, dona de mim

Eu, mulher, madura, mulher menina, dona de mim! Mulher que sabe ser madura, que sabe ser menina e que é mulher em todas as suas versões em todos os seus módulos, em todas as estações!

Que vive e gosta de viver! Intensa sim! E na sua frequência vive tudo o que é tudo o que sente.

Mulher que sabe que amizades sinceras são raras, por isso mesmo as preserva.

Mulher independente, moderna, "retro" que enfrenta duras batalhas do dia a dia e nem sempre vence todas, mas sempre disposta! Á luta disposta ao amor, ao renascer - se das cinzas, dos escombros, das masmorras e calabouços que a vida lhe impõe! Mas sempre renasce! Seu lema é:

Renascer! #somosfenixs!

Autora: Nane Noronha; @nanepoesias_

Voo longe

Voo longe com intenção
Nunca estaria tão alto
Perto do domo, sensação,
Toda força, determinação...

Como, se por um momento,
Esse ar me levasse
Para perto de Deus e tocasse
Nuvens foscas apreciassem...

Saio assim em voo solo
Asas abertas em sonhos
De Ícaro, agora me proponho,
Para ver sol se por mais belo...

E ver novas paisagens
Voar como águias, alto.
Aterrissar em pastagens
Imaginar, voar, retornar...

Momento de nós usarmos
Toda criatividade estarmos
Novos tons a misturar
Vida, longe a nos levar...

Autora: Clarissa; IG: @_clarissa_sg

Recomeçar

Final de tarde gélido
Noite sem fim a chegar
Sei que estás incrédulo
A vida não vai mudar...

Tua presença longe
No coração um vazio
Me pego distante
Lágrima caindo no rio...

Esculturas em gesso
No branco o infinito
A vida ao avesso
Mesmo assim insisto...

Novidades virão pelo ar
Brilho do sol no azul anil
O novo viço do recomeçar
A nós virá a nos reluzir...

Sempre resta esperança
Pois por onde o amor andar
Virá vitória em forma de dança
E sairemos a celebrar...

A vida tem percalços
Pedras a atravessar

Mas ando mesmo descalço
Sem medo de me machucar...

Abro meu peito
Me jogo do abismo
Sei que deve ter jeito
De me fazer sempre feliz!!

Autora: Clarissa; IG: @_clarissa_sg

Olhe o mundo

Olhe o mundo
De frente
Reto, sem lente.
Para fingir
O que queres ver
Pois, cedo ou tarde.
Encarar a verdade
E mudar procedimento
Muda seguimento
E te leva, sem lamento.
Para terras mais altas
Onde tu possas ver
O pôr do sol
Laranja, descendo
As montanhas
E aquele ar fresco
Que chega
Vai te renovar
Tirar todas as dores
Físicas e emocionais
E dormirás em sonhos
Alegres, pueris
Acordarás
Esperançoso, forte
Sem medo
Sem amarras
Sem desespero...

Olhe o mundo

Só tu, ali, forte.
Leve, deixando
Nosso Criador
Te conduzir
Ao caminho do Bem
Não tem que possa
Interferir...

Autora: Clarissa; IG: @_clarissa_sg

Mulher Guerreira

Que sobreviveu a tempestade
E no susto aprendeste que nunca é tarde
Para ter coragem de enfrentar o mundo
Que por muito tempo ficaste chorando
Com o grito trancado
Aos poucos te libertaste
E das cinzas renasceste
E te renovaste
Rompeste o casulo e ganhaste asas
Apareceu esta grande mulher
Que sempre existiu
Mas estava adormecida, esquecida.
Tu és forte por natureza
Com toda sua beleza
Sabes conduzir a vida
Se encontrar de novo
E recomeçar
Sim, recomeçar
Quantas vezes for preciso
Para tua alma brilhar

Autora: Zeni Maria; IG: @zeni.poeta

Mulher Encantada

Mulher quanto mimo
E amor no teu coração
Tu és corajosa
Companheira
E muito misteriosa
Tens um coração que sabe amar
Ensinar e sonhar
A vida está sempre em movimento
E quando a tristeza invade o peito
Com a dor do sofrimento
Enfrenta a tempestade
Com sabedoria
Pois tua sensibilidade
É única
Com este olhar de curiosidade
Mulher
És batalhadora
Enfrenta a vida com coragem
Sem medo
Sem ilusão
Tua alma ferida
Te fez forte
No combate a sobrevivência
Neste duelo entre a vida e a morte
Mulher
Com este olhar de proteção
Nunca foste invisível

Com este mundo cruel
Tens um coração alegre
E estas sempre em busca da liberdade
E de uma sociedade igualitária.

Autora: Zeni Maria; IG: @zeni.poeta

Insegurança

Tempos de instabilidade
Tempos de insegurança...
Gostamos das coisas previsíveis.
De onde vem a nossa insegurança?
Um abandono?
Traídos por alguém em quem confiamos?
Os últimos a serem escolhidos para desempenhar um novo projeto?
Diversas situações podem fazer com que a insegurança se estabeleça.
Olhar para o passado a fim de que haja aceitação dos fatos que ocorreram. Eles não podem ser alterados no formato que ocorreram. Podemos resignificar dentro de nós. A humildade é uma das chaves para nós tornarmos pessoas melhores e mais seguras. Reconhecer quem somos, quais são nossas limitações, onde erramos e a partir daí então resiguinificarmos a vida. Pedir perdão e perdoar e seguir em frente. Nem sempre o perdão quer dizer caminhar juntos. Mas, muitas vezes é continuar o caminho cada um o seu. Mas sem aquela dor, aquela mágoa ofuscando o olhar, pesando o coração e impedindo o "ir adiante". Nesses tempos em que sentir segurança é esforço dobrado, dentro e fora de si, é preciso avaliar cada situação, cada medo, e ver se eles são reais ou uma necessidade de alinhar as emoções. É preciso que

reconheçamos a insegurança emocional que possuímos. Não tenha medo deste momento. Acredite, você sairá melhor deste processo de auto avaliação! Haverá novas expectativas e Esperanças! Mantenha a fé em si mesmo e, sobretudo em Deus e não desista!

Autora: Cristina Helen; IG: @cristina.helen.oficial

Afinal Somos Fênixs

Muitas pessoas podem se apaixonar, pela "cadeira" da autopiedade, sentar-se confortavelmente e curtir a paixão por seus dramas interiores da vida. O ego governa por completo suas vidas...

O temor maior de forma inconsciente é que as histórias de sofrimento tenham um fim.

Podemos viver longos períodos da vida sem desfrutarmos do momento presente, sem procurar compreender e aceitar os fatos existentes. Mas quando olhamos para o Eterno e para dentro de nós mesmo com fé e coragem de nos reconhecermos de fato, os dramas da nossa existência aos poucos começam a se desfazer.

Nós precisamos desenvolver sentimentos internos, de forma a não depender desesperadamente da afirmação ou confirmação externa. Se soubermos quem somos, os sentimentos positivos vão permanecer dentro de nós, sendo sustentados por nós mesmos. Afinal Somos Fênixs e possuímos força e voamos com nossas asas pra longe da autopiedade e levantamos com força! Voamos!

Autora: Cristina Helen; IG: @cristina.helen.oficial

Liberdade

Ainda guardo na memória
Lembranças de outrora
Das vezes em que sentia-me
Como um barco preso ao Cais.
Alegria contida,
Sufocando meus ais
Como um pássaro engaiolado
Meu grito era abafado
Até que um dia, finalmente,
O desejo de liberdade!
Reconheci o meu valor,
Ousei sonhar,
Exercitei as minhas asas,
Alimentei-me de amor próprio.
Semeei, cultivei.
Hoje, como uma fênix,
Sinto-me livre
Para voar e pousar
Onde e quando eu quiser.
Sem limites para amar
E recomeçar. Sempre!

Autora: Marilene Veloso; IG:@marilene.m_Veloso

É tudo tão simples!

É tudo tão simples!
A única herança eterna
A que temos direto, é sonhar.
Eu aprendi com os livros
A ter espírito livre,
Criador. Sonhador,
A me jogar, sem medo de errar,
No que me faz bem e me traz alegria.
É tudo tão simples! Fecho os olhos,
Ouço a voz da minha alma.
Parece um sonho,
Mas, eu sei o quanto é verdadeiro.
Eu já fui temporal
Senti o gosto amargo do desamor
Chorei, gritei, sangrei.
Esperança estancou o sangramento da alma
O antibiótico da Fé curou as feridas
Hoje eu Cumprimento a Lua
Converso com as estrelas
Sigo sonhando e acreditando.
É tudo tão simples!
Quando menos esperamos,
Percebemos que somos capazes
De voar. De nos libertar.

Autora: Marilene Veloso; IG: @marilene.m_Veloso

Título Caos

Vivo em meio ao caos. Meu caos!
Mas resolvi que meu caos será colorido
Nada desse negócio de explosões
Em preto e branco. Não! Vamos botar cor.
Fica mais leve, carrega menos dor.
Fica uma bagunça divertida, tonalizada.
Um arco íris de sensações!
Ontem, um caos rosa, pensamentos bagunçados,
coração disparado. Amanhã, caos azul.
Dúvidas no agir, no mais-querer, "nuquê" fazer.
Próxima semana escolhe um caos alizarina.
Nome estranho, mas enfeita meu caos de bailarina.
E se além de cor, colocarmos sabor?
Chocolate, cereja ou tangerina.
Já sei! Vamos acrescentar vegetação!
Verde-folha, verde-oliva, verde-mar.
Agora um toque de flores
Vermelho-orquídea, amarelo-margarida, violeta!
Pronto! Meus caos agora é um jardim.
Acrescenta-se um sorriso para iluminar
Uma emoção para regar
E o que era confusão, cedeu lugar à conformação.
Vivo em meio ao caos. Meu caos!
E deitada em dourados-capins, me pergunto:
E hoje, que caos, estou?

Autora: Ana; IG: @picardias.da.ana

Uma história de amor

Ela adora fotografia... Estar na frente das câmeras era uma constante, rainha das selfies, por vezes tinha a Companhia de amigos, parentes ou animais. Tudo era motivo. Podia ser numa janela, espelho, onde tivesse água ou rede. Também numa festa, reunião, aula ou chão. Ele, fotógrafo, amava o que fazia... Estar por trás das câmeras era o que o conduzia. Olhar sensível, alma de artista. Levava a vida tranquila, trabalhando no que queria.

Um dia se encontraram se conheceram se descobriram, se amaram... Ela ganhou, numa promoção, um ensaio fotográfico. Ele, num ensaio fotográfico, ganhou um desafio: A conquista!

A cada click e sorriso, os olhares se cruzavam... E se encantavam.

Ele, mil motivos para encontrá-la. Escolher fotos. Havia muitas, todas perfeitas, como escolher sozinho? Ela aceitava, mas era tinhosa, difícil, fazia charminho, seduzia... Usava de todos os argumentos. Um açaí, um encontro casual pelo shopping, escolher mais fotos, ou simplesmente andar por aí. Ela seguia firme, durona. Mexia nos cabelos, soltava um belo sorriso, mas não cedia.

Ele foi esperto. Soube por aí que fez surpresa num dia de ano novo. Jogou-se entre seus familiares, começou a conquista pelas beiradas. Até ganhou apelido carinhoso: "Já morreu dois"!

Acho que isso amoleceu o coração dela: pronto, entregue! Vai que morre mesmo! E assim seguiram juntos... Ora na casa de um, ora na casa de outro. Havia apelo de mãe, não ciumenta, mas cuidadosa com relação ao espaço do outro.

Da divisão do quarto, passaram à divisão do trabalho. Aprendizado, interesse, companhia, economia... Sem descuidar dos estudos, jamais!

Adoravam surpresas. Viviam trocando presentes, carinhos, mimos, fotos, cartas... Ele não cansava de surpreendê-la... Num dia uma gata, noutro cachorros!

E não demorava o dia da necessidade de um espaço só deles. E assim foi. Anúncio feito! Com cuidado e zelo planejou cada cantinho, cada cor, cada peça. O que comprar como, o quê, por que. Houve exageros? Muitos! E quem nunca os cometeu? Lar formado... Vida nova... Olhar novo... Começo! Deixaram para trás, lembranças no quarto vazio da casa dos pais.

E dizem por aí, que estão muito felizes! Eles e os seus peludinhos de estimação...

E eu tenho certeza disso!

Por quê? - Porque também, faço parte dessa história...

Afinal tenho um casal de filhos e três "netinhos" para cuidar...

Autora: Ana; IG: @picardias.da.ana

Às vezes

Não me sinto especial.
Me sinto espacial.
Não me sinto elegante.
Me sinto incessante.
Não me sinto pequenina.
Me sinto cafeína.
Não me sinto quente.
Me sinto repelente
Não me sinto estonteante.
Me sinto irrelevante
Não me sinto atraente.
Me sinto inquietante
Não me sinto enlouquecida.
Me sinto abastecida
Não me sinto inteiramente, mas me sinto verdadeiramente!
Deixa-me ser eu de um jeito eloquente?
Vivente a viver dias DIFERENTES!

Autora: Carmen Lopez; @ca_de_carmen

Quando a noite silencia!

Quando a noite silencia...
Só eu e você companhia!
Aqui me encontro contigo, nos medos que vivi nos remendos que construí e nas lutas que venci...
Um breve sorriso, um breve pedaço de uma vida construída no laço por mim...
Desdou o nó da culpa, não preciso de ti!
Desdou o nó da raiva, o que faz por aqui?
Desdou o nó do medo, amanhã preciso acordar cedo.
Desdou o nó da desesperança, meu dia será de andanças...
Eu quero andar de mãos dadas com a esperança, pois é ela que me leva a continuar, como quem dança na chuva, sem medo de se molhar!
Deixa-me ser criança a caminhar?
É preciso acreditar!

Autora: Carmen Lopez; @ca_de_carmen

Balão a gás

Eu amo estar aqui ou ali perto daqueles que a vida trouxe para perto de mim.
Eu amo as sensações de passear pelo tempo, aflorar sentimentos no campo das emoções.
Eu amo alterar os padrões impostos, para voar alto nas grandes paixões.
Eu amo misturar novos ingredientes, para que eu traga para minha boca sabores diferente.
Eu amo trazer o olhar do outro para que assim eu tenha uma perspectiva nova...
Mesmo esbarrando em algumas desilusões
Mesmo tendo que fazer outras reflexões...
Eu amo me sentir inteira, ardente, latente, vivente...
Mesmo que isso não seja para sempre!
Pensamento voa como um balão a gás... Ateando fogo aqui dentro!
Assim a vida continua
E que seja entregue as transformações...
Que elas sejam feitas no devido tempo, transformando todas as nações e milhares de corações.

Autora: Carmen Lopez; @ca_de_carmen

Vocês entenderam

Na verdade pôde até tentar...
Mas se vai ter sensibilidade não sei
Não queira decifrar esse mistério que é ser mulher.
Colocar se de pé com a sua verdade.
A cabeça da mulher tem raízes que cresce em várias direções, mulher de múltiplas decisões.
Mulher mãe gentil. Forte, inteligente.
Mulher com flechas apontada só para defender sua cria.
Mulher com visão de águia, sábia.
Na maioria das vezes tem razão.
Segredos, fantasias, amores não á defini.
Para conseguir entender essa mulher que tal a ler como um livro com bastante atenção sempre pronto para aprender.
Não a desafie!
Queira caminhar ao seu lado.
Ela tem páginas indefinidas para ser lidas, é importante saber que essa mulher, é guerreira por natureza.
Não se cala mais.
A forma é se gostar, ela fez da poesia sua voz.
Para ecoar em vários seguimentos.
Vocês entenderam?

Autora: Joselene N. Black; @joseleneneggrablack

Voltar para quem

Mais uma vez você pediu desculpa. Ainda estou sem intender o porquê dessa agressão física é mental. Estou tentando enxergar onde você achou que tinha direito de fazer tal ato. Por um momento pensei em revidar. É revidei. Mas não tinha forças para me proteger. Foi à primeira vez. Chorando ainda perdida, sem saber se pedia me ajudar ou se me calava. Absurda era aquela citação vergonhosa. Pensei então: será que fiz alguma coisa que ele não gostou. E me perguntei: __Será que a culpa foi minha?

Não tinha resposta. Fazendo um esforço para encontrar aquele amor que ele dizia ter, quando ele pediu perdão. Eu quis me enganar é o perdoei. Tudo ficou bem, esse assunto estava morto. Mas não demorou muito para acontecer novamente comecei a ficar com medo de tudo, o que eu poderia está fazendo que merecesse apanhar novamente. Separar poderia ser uma solução, muitas das vezes a falta de recursos financeiros, me fez continuar nesse abuso. Mas não haverá outras vezes. Dei um ponto final. Mudei essa história.

Agora só serve para superação de mulheres que mudou ou está mudando sua vida para melhor, confie em você. Volte para si mesma.

Autora: Joselene N. Black; @joseleneneggrablack

Ser noturno...

Nasci da noite, me abrigo em minha mente.
Serei eu louca, por fazer da noite o meu refúgio?
Seres noturnos...
Sou vagalume esperando a noite para brilhar
Meus olhos olham a noite, só ela me propicia
quietude para vagar na rua.
Como amantes que se encontram na calada da
noite...
Noturna vida
Como mulheres se desnuda...
Seres à procura de algo, querem na noite encontrar
alguém.
Posso ser eu mesmo, ou não serei ninguém mais.
Na calada da noite...
Liberto meu coração.

Autora: Rosinha Maciel; IG: @escritora_rosinha_maciel

Mulher moderna

Ela tem
Uma vida repleta de experiências.
Só ela entende a riquezas que ela traz
Na consciência
E na alma.
Guarda tudo com amor em sua
Memória.
Ela é cheia de exuberância,
Como o desabrochar das flores.
Ela é a alegria, no desafio do dia a dia.
Apesar de tantos
Dissabores tu és mulher a própria poesia.
Ela desce do salto
Arruma o cabelo e vai.
Cada novo desafio.
Uma nova certeza...
Mulher moderna
É pura beleza.

Autora: Rosinha Maciel; IG: @escritora_rosinha_maciel

Mulher

Mulher, dádiva divina...
Carrega no ventre, o milagre da vida.
Coração cativo nas promessas do amor...
É mulher com muito louvor.
Mulher sabia nas palavras, que consolam...
Seu abraço se faz abrigo...
Olhar de esperança de nossos dias.
Ela é as fases da lua, mares e rios...
É promessa cumprida diante do altar.
O lume das estrelas...
São os três elementos: fogo, terra, água e ar.
Semente de vida, que o criador espalhou pelos campos, florindo o mundo.
Mulher que ora, chora súplica...
Preces ouvidas, levadas pelos anjos ao trono nos céus...
Que pela misericórdia de Deus, serão atendidas.
Mulher que se faz mulher, sedutora, amiga, companheira e amante de seu grande amor...
Ajudadora te levará a Ascenção.
Dedicada e zelosa, transforma tua casa em lar.
Rainha coroada pelo destino...
Protetora de seu reino, que ninguém poderá usurpar.
Seu perfume é das rosas espalhadas pelo ar...
É presente do Oriente, ouro, incenso e mirra...
Mulher é intuição...

Guia-te pelo caminho.
Fogo consumidor, contra qualquer maldição...
Mulher ungida pela fé...
Profetisa tua vida.
Ela quando ama, acolhe,
Fazendo-te dono de seu coração.

Autora: Alda Leite; @luaestrelaspoeticas

Beija-flor

Sou como um beija-flor:
Incansável no bater das asas
Sou renitente
Obstinada na arte de amar.
Sigo beijando as rosas
E todo tipo de flor.
Sou arisca, e no descuido me vou.
Meu beijo é doce... Bico de beija-flor...
Gosto do mel das palavras...
Que suaviza e abranda a dor.
Vou germinando a terra...
Empobrecida de amor...
E junto dela nascem,
Muitos sonhos em meio à dor.
Meu bater de asas é acelerado,
Acompanha no compasso,
O bater do coração.
Nele cabem muitas coisas,
Menos a solidão...
Tenho por ofício,
O compromisso de cada flor visitar...
E nelas deixo o beijo,
De outras multiplicarem.
Meu bico é afiado,
Escrevo e desenho poesias pelo ar...
Borrifando cada um,
Que carrega esperança no olhar.

Não sobrevivo às prisões...
Necessito da liberdade,
Para encantar corações.
Sou beija-flor.
Sou teu beijo.
Deixe-me apenas.
Voar.

Autora: Alda Leite; @luaestrelaspoeticas

Ainda sou tão pequena

Relatos de uma dor
Ainda sou tão pequena
Que caberia num abraço
Me desmancharia lentamente
Para deixar de sofrer

Ainda sou tão pequena
Me perco nas minhas
Próprias palavras
Brinco de ser grande, forte.
Para poder me esconder

O tempo passou,...
Pode até ter passado
Mas eu não vi.
Fiquei ali sentada na calçada
Chorando minhas mágoas
O meu não existir.

Quantas loucuras me fizeram
Dormente.
Meus devaneios me deixaram
Doente.
Quantos sonhos foram tirados
De mim.

Ainda estou naquela sarjeta

Corri o mundo,
Mas ali ainda está minha essência
Sentada,
Calada
Bebendo das suas próprias
Lágrimas.
Ainda estou ali
Tão pequena
Que nem eu mesma
Me percebi.

Autora: Dani Raphael; IG: @poemasefilosofia e
@dhraphael

Empoderamento

Empoderamento
Não! Não me peças pra que me
Aprisione em teus braços
Não me peça pra que siga seus rastros
Sou mulher pra cuidar de mim.

Não! Não me peças pra que te aceite de volta
Que te dê a chave,
pra que tranque novamente a porta.
Meu gozo pela liberdade não tem fim.

Não! Não peças pra que volte ao passado
Da lama que me tirastes
Só restou um coração destroçado
E nada vale reviver esse fim.

Agora sou dona do mundo
Caminho solta, me direciono sem rumo.
Sem pretensão de chegar a lugar algum

Agora sou dona do mundo
Vivencio o futuro
Sou a mulher certa pra mim.

Autora: Dani Raphael; IG: @poemasefilosofia e
@dhraphael

Hoje caminho, sozinha

Hoje caminho, sozinha,
Sentindo os grãos de areia meus pés tocar,
Deixando a brisa leve bagunçar meus cabelos
E desejar o que antes não podia sonhar.

Posso fechar os olhos em contemplação,
Ouvir no silêncio o barulho do mar
E a sua ondulação.
Mergulhar mais um pouco no meu infinito
Vivenciar meus instintos
Caminhar sem pressa para voltar.

Hoje caminho sozinha
Não mais, perdida em ruínas
Só me amando cada vez mais.
Pequenos passos são dados
Passos delicados, fincados
No meu mais puro ``Eu´´.

Autora: Dani Raphael; IG: @poemasefilosofia e
@dhraphael

Sangria imposta

Meu corpo sangra,
A cada mês,
Numa constância
Desvairada.
Rompe meus sentidos,
Me deixa atordoada.
Meus olhos viram lágrimas,
Meus lábios lançam pragas
Marcadas pelo rancor,
Que nem o mais belo amor
É capaz de aveludar.
Dias a fio me toma essa luta.
Briga estapafúrdia
Do universo com meu ser.
Invariavelmente perco,
Sem direito a revanche,
Afinal, cada gota vermelha,
Biologicamente planejada,
Cai como uma avalanche,
Dança num palco,
Monta um palanque
Em cima da minha dor.

Autora: Caroline Rocha; IG: @escritoracarolinerocha

Por todas

Pela mulher que sou,
Luto e vivo, revivo, grito,
Por mim, por ti,
Por todas.
Não nos deixemos calar!
Essa voz que nos move,
É corrente de afeto,
União por um sopro de vida,
Que é o nosso, desmedido,
Porém desacreditado, humilhado.
Por uma estrutura machista,
Uma sociedade ilusionista,
Perversa, que nos que matar,
Aos poucos, como dose de veneno,
E nos tira o alento
De termos qualquer paz.
Sejamos mais, muito mais!
Sejamos resistência,
Deixemos de lado a inocência,
Vamos dar as mãos e marchar.
Nossa história,
Por amor ou por ódio,
Há de ficar,
E hão de contar.

Autora: Caroline Rocha; IG: @escritoracarolinerocha

Carta às mulheres

Todas as vezes que me observo no espelho,
Uma dúvida surge: "Será que sou bonita"?
Atraente?
Toda vez que essa dúvida surgir, diga a si Mesma:
Meu corpo é lindo, uma obra de arte que muitos
não sabem apreciar. Essa sou eu, uma mulher
incrível e maravilhosa.

 Nunca se deixe levar pela opinião dos outros.
Só você mesma conhece de fato, o seu templo.
O seu ser. E nunca deixe de acreditar
No seu potencial, corra atrás, tenho certeza.
Que vai conseguir.

Deixo essa carta a todas as mulheres,
Que desacreditam ou não reconhecem o seu valor.
Vocês são incríveis e merecem todas
As coisas boas da vida.

Autora: Gabriela Bonfanti; IG: @olhardepoesia6

Amor próprio

Moça.
Tu és bela
Beleza única e autêntica.
O sorriso brilha como
O sol nascente.

Suas curvas lembram as
Pétalas daquela flor que
Tanto amas.
Que tanto admira.

Os olhos cheios de vida,
Uma paixão imensa por
Si.
Mulher, tu és incrível.

Não deixe que ninguém
Tire seu amor próprio.

Autora: Gabriela Bonfanti; IG: @olhardepoesia6

Amarras

Essas amarras coloridas
Tão bonitas,
Fujo de você, tento.
Não saio, não sei te esquecer.
Seu corpo tão perto, ereto,
A vontade invade,
Me prende, me amarra.
Amores e cores
Estamos presos,
Solte me amor,
Solte por favor
Esse seu laço, esse sua cor.
Vibra. Vibro.
Desisto.
Entre cores e amores
Esse laranja me domina
O meu rosa te fascina.
Entrelaçados.
No chão te puxo
No chão você foge
Mas é no chão
Cores e amores
Se amam.
Se vão.

Autora: Mari Gonçalves; IG: @poesiasporvoce

Fidelidade

Que pudor pode ter?
Se ao longe, a passos largos me aproximo,
Meus olhos com aquela cena a se encontrar.
Perturbando-me, ali a te olhar.
Sentia um fogo
Que o corpo ficava queimar.
Viajei nos teus lábios a outra a beijar,
Sentia as suas mãos em outra pele a acariciar
Parando meu profundo olhar.
Que pudor pode ter?
Se me devora sem me amar
Desmonta-me se te pego no flagra,
Fidelidade a me negar.
Que pudor pode ter?
Se a tua boca insana
A outra estremece na cama
Fazendo o inimaginável
E eu a te olhar
Fidelidade a me negar.
Que pudor pode ter?
Fidelidade, coisa de amar!
Te pego no flagra,
E fico a chorar.
Nenhum adeus,
Simplesmente uma noite a me matar.

Autora: Mari Gonçalves; IG: @poesiasporvoce

Soneto Abriga-me Mar

Cheguei à frente do mar, toquei meus pés na areia,
Aquele momento dispensava as emoções, os efeitos,
Das minhas ausências que querem morar nesse lugar
Onde fecho os olhos e peço sorrindo, abriga-me mar.

Construo meu casulo nessa areia, com coração ferido,
Abriga-me mar, estou em busca de paz e amor,
Para que a tempestade de sua onda revoltosa lave-me
Em sua calmaria, meu casulo de areia suave.

Onde as aguas acarinha meu abrigo com suas ondas
E eu a borboleta do jardim de areia, sem perigo.
Terei comida e muito amor, tudo sem castigos.

Mar quem faz de suas areias seu teto tem no abrigo
As rochas do sublime amor e flores em movimento
Carinhos de sua mão, gostoso chamego em relento.

Autora: Mari Gonçalves; IG: @poesiasporvoce

Ela caiu da escada

Havia muito tempo que ela cai da escada
Ficava chorosa, roxa e marcada.
Havia muito tempo que ela cai da escada
Moça você precisar tomar mais cuidado!
Seu sorriso, suas lágrimas, gritava...

Ontem ela caiu da escada de novo
Mas o tombo foi maior foi internada
De novo chorosa, roxa, marcada,
Moça você precisa tomar cuidado!

Por dentro ninguém enxergava
Suas lagrimas gritava, ela não conseguia.
Não conseguia explicar, porque caia da escada.

Ontem ela foi assassinada, virou estatística,
Da sociedade, onde as mulheres não tomam
cuidado...
E vivem caindo da escada.
Chorosas, roxas, marcadas!
Mas ninguém faz nada!
E elas não conseguem explicar,
Porque caem tanto das escadas...

Autora: Mari Gonçalves; IG: @poesiasporvoce

Contate-nos!

Prezado leitor, é com grande felicidade e satisfação que você chegou até aqui, após essa belíssima obra, esperamos que você tenha aproveitado ao máximo a leitura. Agora, conte-nos o que achou desta obra e do enredo, nos deixe saber como ela te tocou. Nos envie sugestões, elogios e suas críticas para continuarmos a crescer.

Visite nosso site para conhecer todas as obras de vários autores que estão lançados. Embarque na imensidão de possibilidades que a leitura proporciona e aproveite os nossos lançamentos. Cada autor publicado é uma realização imensa para nós e para cada pessoa que puder desfrutar da leitura.

Nos siga no Instagram, nosso perfil é o **@editorabrunsmarck**. Em nosso perfil, divulgamos e publicamos nossos últimos lançamentos e as novidades de cada autor. Aproveite para nos enviar uma mensagem, ficaremos felizes em responder qualquer dúvida e/ou solicitação.

Quer se tornar um autor?
Nos envie um e-mail, **editorabrunsmarck@gmail.com**.
Responderemos o mais breve possível com informações quanto à publicação, documentos e valores.

Novamente, obrigado por nos permitir estar aqui em suas mãos!

Siga a nossa equipe:

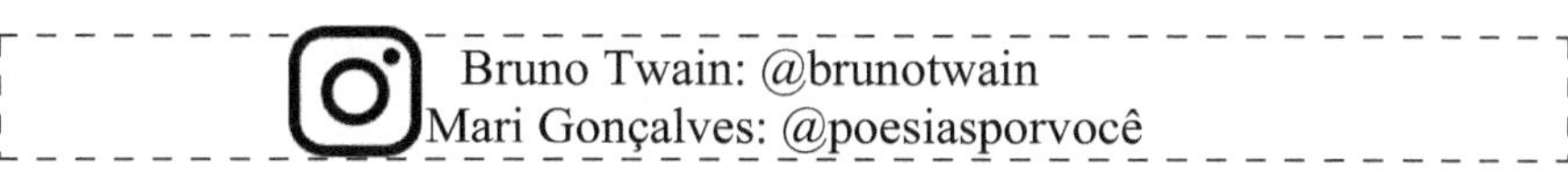